LETTRE

A

M. THIERS

PRÉSIDENT

DE LA RÉPUBLIQUE FRANÇAISE

PAR

UN SPECTATEUR

Prix : 50 centimes.

PARIS

LACHAUD, LIBRAIRE - ÉDITEUR,

4, PLACE DU THÉATRE-FRANÇAIS, 4

1871

À

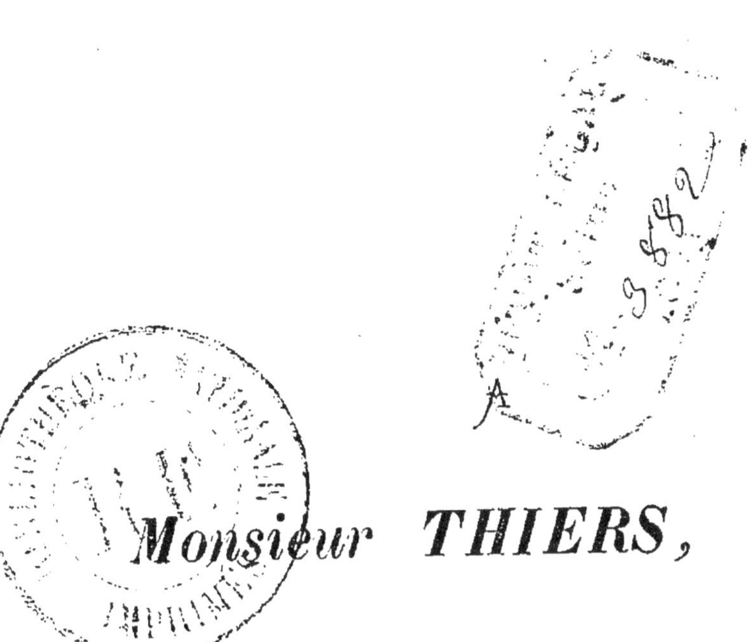

Monsieur *THIERS*,

Président

de la République Française.

Je suis républicain par la grâce des événements beaucoup plus que par la grâce
des convictions ; ce qui ne m'empêche pas
d'accepter très sincèrement la République.

Je suis Parisien et ennemi juré de la
Commune ; ce qui ne m'empêche pas de

considérer l'autonomie communale comme la première condition de force d'une nation.

Je crois à la nécessité de Paris-capitale, sans croire pour cela que la France soit dans Paris.

Je suis d'avis qu'il faut traiter en ennemis publics les gens qui font métier d'exploiter les théories socialistes; mais je déclarerais aveugle quiconque ne verrait pas que l'heure des questions sociales est venue.

Je mesure d'un œil aussi désolé que vous l'abîme où nous a fait glisser l'empire; mais sans fermer les yeux aux choses fécondes pour notre prospérité qu'il avait accomplies.

Je tiens que tous les régimes, comme tous les hommes, ont leurs bons et leurs mauvais côtés, leurs bons et leurs mauvais jours, et que tant vaut la conduite, tant vaut le régime ou l'homme.

En un mot, je tâche de me faire une opinion sur toutes choses, sans avoir de parti pris pour ou contre aucune, comme il convient, du reste, à un simple spectateur.

J'ai été pendant de longues années votre adversaire ; je viens d'être pendant quelques mois votre partisan ; je me demande aujourd'hui si je dois redevenir l'un ou rester l'autre.

Cela vous importe et vous intéresse sans doute médiocrement. Mais nous sommes quelques millions comme cela en France. C'est en nom collectif que je me permets de vous demander une demi-heure d'audience.

La représentation nationale vient de vous décerner le titre de Président de la République française. Vous voilà en pleine possession de cette chose si convoitée et si lourde, qu'on appelle le Pouvoir. Vous avez reçu les félicitations de vos amis, savouré les compliments obligés de ceux qui ne le sont pas. Je ne vous apporte ni compliments ni félicitations ; mais j'essaye de faire arri-

ver jusqu'à vous un écho de la voix pu-
blique.

Je ne sais, Monsieur le Président, quelles
auront été vos pensées intimes, le soir de
cette journée historique, qui, en bon fran-
çais, a fait de vous quelque chose comme le
Washington *possible* de la France. Mais, si
vous êtes réellement à la hauteur du rôle
que vous ont apporté les événements, il me
semble qu'à cette heure nocturne où, tout le
monde parti, l'homme d'État, le héros et
l'acteur restent vis-à-vis d'eux-mêmes, pour
se coucher comme de simples mortels,
vous avez dû éprouver une étrange angoisse.
A ce moment de solitude et de silence où,
presque sans le vouloir, chacun de nous
fait son examen de conscience, où l'histoire de la veille se présente côte à côte avec
la tâche du lendemain, il est rare qu'un
doute salutaire ne se mêle pas même au sentiment du succès le plus enivrant. Demeuré

en tête à tête avec votre position nouvelle, il n'est pas possible que vous ne vous soyez pas demandé ce que vous alliez en faire.

J'espère, du moins, que vous vous le serez demandé.

Je l'espère; car, s'il en était autrement, si vous vous étiez endormi ce soir-là comme n'importe quel autre soir, sans qu'une anxiété mêlée de souvenir et de prescience ait prolongé votre veille, — alors vos ennemis auraient raison de dire que, pour vous, la politique est un jeu d'adresse et la Patrie un mot de tribune.

Mais il n'en aura pas été ainsi.

Un homme qui, comme vous, a mesuré par lui-même la responsabilité ministérielle, sondé à fond la responsabilité royale, mis en cause, sous toutes les formes, la responsabilité du pouvoir personnel, invoqué pendant des années la responsabilité populaire, — un homme qui a fait passer tour à tour par le creuset de sa redoutable critique toutes les formes de gouvernement, analysé le fort et le faible de chacune d'elles, montré du doigt par où elles péchaient, signalé d'une voix inflexible comment elles ont outrepassé leurs droits ou manqué à leurs devoirs; — cet homme, mis soudainement en face des mêmes devoirs et en possession des mêmes droits, a dû faire, presque malgré lui, comme une halte dans sa vie, pour mesurer dans un recueillement plein d'anxiété et son passé et son avenir.

Il a dû se dire que, lui aussi, avait maintenant charge de peuple; il a dû frémir en songeant que, dans l'exercice du mandat qui venait de lui être dévolu, il ne s'agissait même plus, comme dans les régimes successifs qu'il avait traversés jusque-là en acteur secondaire et en critique inexorable, de gouverner au mieux des circonstances, mais de sauver la France ou de la laisser rouler jusqu'au fond de l'abîme où sombrent les nations.

Telle est, en effet, l'alternative de votre mission, Monsieur le Président. Je ne l'exagère point, car elle est de celles qui ne peuvent être exagérées.

Nominalement, vous êtes le Président intérimaire d'une République française transitoire; en réalité, vous tenez en vos mains le dernier mot des destinées de votre pays.

Revêtu d'un titre fictif, vous ne personnifiez à première vue qu'une sorte de convention gouvernementale, et cependant de vous — de vous seul, entendez-le bien, — va dépendre la question de savoir, non pas quel sera le gouvernement ultérieur de la France, mais s'il y aura encore une France susceptible d'avoir un gouvernement.

Il y a six mois, vous vous êtes trouvé devenir, à l'improviste pour tout le monde, — et pour vous-même, j'ose le dire, — un homme providentiel. Allez-vous l'être jusqu'au bout ou devenir un homme fatal ?

Là est le dilemme ; — et il me paraît impossible, je le répète, qu'il ne se soit pas dressé devant vous dans la nuit du 31 août.

17 février ! — 31 août !

En apparence, la seconde de ces dates n'est que la continuation historique de la première. L'une vous a porté au pouvoir, l'autre vous y maintient. Mais veuillez y regarder de plus près ; vous verrez quelle distance les sépare, et combien le vote de Versailles est loin du vote de Bordeaux.

Le 17 février, les suffrages de vingt-trois départements vous désignaient d'une façon presque impérative à celui de l'Assemblée nationale. Celle-ci vous proclamait chef du pouvoir exécutif, à l'unanimité, après un moment d'hésitation, — qui n'avait pas même eu pour objet votre personne, mais seulement le titre qui vous serait conféré. Der-

rière l'Assemblée, la France entière répè-
tait votre nom avec l'élan d'un peuple qui
salue son sauveur. L'étranger, suivant l'im-
pulsion, vous reconnaissait spontanément
comme le représentant légitime de votre
pays.

Quel contraste entre cet entraînement
enthousiaste et les tergiversations qui ont
précédé le renouvellement de vos pouvoirs ;
— entre le sentiment de sécurité déterminé
par votre nomination et les doutes qui sur-
vivent, malgré tout, au vote qui vient de
vous raffermir.

Etudiez ce contraste, Monsieur le Président ; étudiez-en surtout les causes. En
voyant à quoi il tient, vous verrez ce qu'on
attendait de vous, et en quoi l'attente a été
déçue. Demandez-vous comment il a pu arriver que le mandat sans limites que le pays
vous décernait, il y a six mois à peine, par
acclamation, se soit usé si vite, qu'il soit
devenu nécessaire de le définir, en le re-

trempant dans une affirmation nouvelle, et
que cette affirmation n'ait pu se produire
qu'à travers des orages? Cherchez le mot
de ce revirement, non dans les prétextes
superficiels de la versatilité de l'opinion ou
de l'indocilité des partis, mais là où il est,
c'est-à-dire en vous-même, — et quand
vous l'aurez trouvé, vous aurez trouvé du
même coup, avec le secret de l'affaiblissement qui vous a mis à deux doigts d'une
chute, celui de la conduite qui, seule, peut
vous maintenir à la hauteur de votre mandat.

Reportez-vous à Bordeaux, à ce jour où,
pour la première fois, vous eûtes à ramener
l'Assemblée à votre avis. Il s'agissait de décider la ville qu'elle choisirait pour résiden-
ce. Au début de la séance, la majorité vou-
lait Orléans ou pour le moins Fontaine-
bleau. Elle prononçait, dans les couloirs,
des mots de défi à votre adresse. Deux heures après, elle avait accepté Versailles, pro-

posé par vous, — et cependant, vous n'aviez pas parlé de démission. Vous étiez simplement monté à la tribune et là, disant tour à tour ses vérités à chaque parti, vous aviez terminé par cette promesse et ce conseil adressés à tous :

« Ne forcez point le temps ; le gouvernement restera à ceux qui auront su être les plus sages. »

C'est sur ce paisible et complet triomphe que vous rentriez le 14 mars à Paris. Vous veniez de vous montrer le plus sage, et non-seulement le gouvernement vous restait, mais votre autorité de fait s'était fortifiée d'une influence morale qui en doublait la puissance.

Si grand était votre prestige à ce moment, si absolu le sentiment de confiance que vous inspiriez, que les fautes accumulées dans les jours qui suivirent, ne parvinrent pas même à les entamer, — heureusement pour la France, je me hâte de l'ajouter. Nul ne songea à vous rendre responsable des incertitudes de conduite qui précédèrent et préparèrent le 18 mars; ni de l'acte de fausse vigueur, aussi mal inspiré que mal conduit, qui donna à l'émeute hésitante le sentiment de sa force; ni du départ clandestin qui laissa Paris livré au Comité central; ni de l'abandon inexplicable des forts et des positions stratégiques qu'une poignée de gendarmes ou de gardiens de la paix aurait suffi à tenir; ni de la nonchalance plus inconcevable encore qui perdit en vaines paroles la semaine du 18 au 25 mars, alors que la population parisienne, tirée de sa stupeur par les coups de fusil de la place Vendôme, n'attendait, ne cherchait qu'un signal pour reprendre possession de sa ville; ni de cette seconde surprise, plus navrante encore que la première, au milieu de laquelle Paris s'éveilla le 26 au matin, sans qu'il restât même désormais un point d'appui, un chef, un mot d'ordre ou d'encouragement à la résistance qui ne demandait pourtant qu'à s'organiser.

Non ; de tout cela, personne ne pensa à faire remonter la responsabilité jusqu'à vous. L'idée du salut s'attachait si exclusivement à votre nom, qu'elle l'isolait en quelque sorte des fautes commises sous votre gouvernement. Miracle sans exemple dans l'histoire d'un peuple qui pousse jusqu'à l'absurde la manie de tout imputer au dépositaire du pouvoir, de quelque nom qu'il s'appelle ! Pour les malheurs de la guerre civile, comme pour les humiliations et les sacrifices de la paix avec la Prusse, vous avez eu ce privilége, unique dans notre histoire, de voir la justice et l'injustice publiques s'en prendre à tout le monde autour de vous, sans que la récrimination montât jusqu'à votre personne.

Mais la contre-partie de ce phénomène se préparait, contre-partie plus étonnante encore que le phénomène lui-même.

Aussi longtemps que durent les jours difficiles, qui d'ordinaire engendrent le doute, les murmures et les soupçons, la foi du pays à votre endroit reste aussi entière que la déférence de l'Assemblée. Les heures sombres se succèdent, sans obscurcir la confiance qu'inspire votre présence à la tête des affaires. Si un démêlé passager jette une fois ou deux sa note aiguë au milieu de l'accord qui règne entre vous, la France et ses représentants, ce n'est que pour mieux attester combien cet accord est complet. Mais à peine le succès est-il arrivé, que tout change. Le triomphe apporte habituellément la force; pour vous, il devient le point de départ de l'affaiblissement.

La Commune est vaincue; Paris délivré; l'Assemblée nationale déclare à bon droit que vous avez bien mérité de la Patrie; M. Jules Simon consacre cet hommage par la plus touchante des accolades, donnée en pleine séance; l'emprunt de deux milliards est émis; la France, étonnée elle-même, donne à l'Europe stupéfaite le spectacle d'un pays vaincu, démembré, écrasé, qui trouve sur parole cinq milliards à 6 0/0 d'intérêt, et cela, — il y aurait ingratitude à ne pas le reconnaître, — grâce à votre nom.

Il semble que ce soit pour votre étoile le moment de resplendir de tout son éclat; la voilà au contraire qui pâlit.

Et ne vous y trompez point, elle ne pâlit pas seulement à l'horizon parlementaire, où il faut toujours tenir compte des nuages amoncelés par l'esprit de parti; elle pâlit à l'horizon de la France.

Pourquoi?

C'est que, si vous avez poursuivi avec une merveilleuse ténacité, accompli avec un rare bonheur la partie éclatante de votre tâche, vous avez négligé la partie fonda-mentale; ou plutôt — pourquoi prendrais-je des détours, puisque j'ai entrepris de vous dire la vérité? — cette tâche plus modeste qui consistait à organiser, à calmer, à rassurer, à faire que la vie nationale reprît son cours régulier, vous l'avez totalement manquée.

Bercé dans la politique, c'est par la politique que vous avez vécu et que vous avez grandi. C'est elle qui vous a fait ce que vous êtes. Dans le cours de votre longue carrière, les heures brillantes sont invariablement celles où la lutte politique domine la situation ; du moment où elle s'efface, pour faire place aux questions pratiques, vous passez au second plan. A cette spécialité, vous avez dû d'éblouissants triomphes et l'honneur d'avoir rendu d'incontestables services à votre pays. Mais je crains — et je ne suis pas seul à le craindre — que vous n'y ayez perdu la juste appréciation des autres nécessités que comporte l'existence d'une nation et de la place dominante qu'elles y tiennent. A votre propre insu peut-être, vous en êtes arrivé à tout concentrer dans les théories de gouvernement, à tout subordonner aux manœuvres parlementaires.

Vous avez fini par perdre de vue qu'un peuple ne vit pas seulement de politique, et que vouloir l'en faire vivre trop longtemps, c'est l'exposer à en mourir.

A cette faiblesse, vous en joignez deux autres : un grain de manie militaire et une habitude prise de croire que rien ne peut être bien fait que ce que vous faites vous-même.

Pardonnez-moi si je pousse un peu loin la franchise ; mais je ne vois pas d'autre moyen d'éviter une crise nouvelle, que de mettre à nu les causes de celle que nous venons de traverser.

Si, une fois la paix signée et l'ordre intérieur rétabli, vous aviez renouvelé votre entourage, appelé à vous les capacités de tous les partis, confondu la diversité de leurs opinions dans un dévouement collectif à l'œuvre de la reconstruction nationale, imposé par votre exemple l'ajournement de toutes les discussions politiques, pris au programme de chacun des groupes parlementaires ce qu'il avait de bon et d'immédiatement réalisable, écarté tout le reste avec la même résolution et circonscrit ainsi le cercle des questions à soulever, à traiter, à résoudre ; — si, en un mot, vous aviez dit à l'Assemblée : « Voici notre tâche commune ; » et au pays : « Voici jusqu'où nous vous proposons d'aller pour le moment, » chacun aurait vu clair devant soi, et ni vous, ni l'Assemblée, ni le pays n'auriez rencontré les écueils sur lesquels vous avez failli naufrager en naviguant à l'aventure.

Je n'oublie rien, croyez-le bien, Monsieur le Président, des difficultés de votre position, ni de la multiplicité des problèmes qui se disputent votre temps et votre attention. Je n'oublie pas davantage combien la critique est aisée et l'art difficile ; c'est une vérité dont j'ai mieux que jamais mesuré la profondeur en étudiant de près votre marche. Mais cette même étude m'a appris ce que l'on peut susciter d'embarras et de dangers à soi-même et aux autres, à force de se persuader que la tactique est tout. Elle m'a appris encore à quelle impuissance peut aboutir la sincérité des intentions, faute d'être complétée par la simplicité de la conduite, et à quelles inextricables complications peut conduire un excès d'habileté.

Car c'est pour avoir été trop habile que vous avez failli vous perdre, et tout perdre avec vous. Le succès de votre stratégie militaire contre la Commune vous avait mis en goût, et vous vous êtes pris à faire de la stratégie parlementaire, au lieu de faire tout uniment de l'administration. La campagne a été brillante, je n'en disconviens pas. Elle a eu ses escarmouches, ses marches, ses contre-marches, ses manœuvres savantes et ses batailles rangées. Elle a révélé l'art profond et la fécondité de ressources que vous possédez. Elle a fini par se dénouer à votre avantage, et votre amour-propre est en droit de tirer de ce dénouement quelque vanité. N'oubliez pas, cependant, qu'il vous a fallu plus d'une fois battre en retraite, abandonner des positions importantes ou recourir à votre suprême moyen de défense : la menace d'une démission.

Cette dépense de temps et de forces, vous pouviez vous l'épargner. Vous auriez du même coup épargné à l'Assemblée trois mois de discussions saccadées, orageuses, presque stériles ; au pays, trois mois d'anxiété et de désorganisation croissante. Votre victoire laisse tout le monde énervé, incertain des fruits qu'elle doit porter, — oui, tout le monde, à commencer par vous-même. On n'a point passé tant de jours dans les vicissitudes d'une lutte constamment renaissante et dans l'ignorance de chaque lendemain, sans qu'il en reste comme une habitude prise d'insécurité et de méfiance. Cette disposition, ne vous le dissimulez pas, vous aurez quelque peine à en avoir raison. A deux reprises — après la paix d'abord, après la délivrance de Paris ensuite, — on a cru à votre parole, qui promettait une ère de calme réparateur. A deux reprises, la croyance a été déçue; il est naturel qu'on ne s'y abandonne aujourd'hui qu'à moitié.

Ce n'est assurément pas que l'on en soit à se défier de vous; mais on s'est aperçu que, depuis trois mois, il vous avait manqué un plan de conduite, et l'on attend pour savoir si cette fois vous en aurez un. On sent que les incidents vous ont conduit jusqu'ici, plus que vous n'avez dirigé les événements; on se demande s'il va continuer à en être de même. On est effrayé de voir à quel point l'expédition des affaires, l'administration courante, la liquidation du

passé, la préparation de l'avenir sont deve-
nues choses presque secondaires au milieu
des mouvements désordonnés de la fièvre
politique ; on appréhende quelque nouvel
accès qui vienne encore faire oublier les
besoins matériels du pays.

Telle est, Monsieur le Président, la situation en face de laquelle vous vous êtes ré-
veillé le 1ᵉʳ septembre au matin.

Un moment, j'ai cru que la nuit vous
avait porté conseil. Votre Message à l'Assemblée renfermait une promesse à chaque
mot, une consolation à chaque phrase, une
espérance à chaque paragraphe.

Mais, le lendemain, paraissaient au *Jour-
nal officiel* une note et un arrêté.

La note disait qu'après quelques heures
d'une démission de pure forme, *vos* ministres avaient repris leurs portefeuilles sur
votre invitation.

L'arrêté conférait à M. Dufaure le titre

équivoque et bizarre de *Vice*-Président du conseil des ministres.

Ces deux documents résument ce que vous avez cru devoir décider, pour mettre votre gouvernement en harmonie avec le nouvel état de choses. Ils annoncent à la France que vous continuez à couvrir de votre préférence les conseillers dont l'opinion demande avec tant d'instances la retraite, depuis M. Jules Simon jusqu'à M. Dufaure, et qu'en devenant Président de la République, vous n'entendez point abdiquer la présidence immédiate de votre cabinet.

Ainsi, vous avez vu la Restauration périr pour s'être cramponnée à des ministres impopulaires ; vous avez vu la monarchie de Juillet tomber, parce que M. Guizot a cru qu'on était maître d'une situation dès qu'on savait se ménager une majorité dans la Chambre ; vous avez vu l'Empire s'effondrer sous le poids des responsabilités qu'avait accumulées sur lui la théorie du pouvoir personnel ; — et le jour où les circonstances vous conférent à votre tour la mission de jeter les bases d'un gouvernement, pour succéder à ces trois régimes dont vous avez signalé les fautes et contemplé la chute, vous semblez ne point voir que votre premier pas vous met sur la pente où ils ont, l'un après l'autre, trouvé leur perte.

On a dit depuis longtemps qu'il y avait en vous deux hommes : l'homme des paroles et l'homme des actes ; — le premier, libéral ; le second, autoritaire ; — l'un ayant eu toute sa vie à la bouche les mots qui promettent aux peuples un âge d'or ; l'autre qui, dès qu'il a le pouvoir en main, s'endort dans la conviction que tout est pour le mieux dans le meilleur des mondes, parce qu'il trouve à sa convenance ce qui est.

L'évènement va-t-il donner raison à ceux qui ont porté ce jugement sur vous? Je ne sais ; mais la manière dont vous venez d'inaugurer votre présidence me fait craindre que le gouvernant ne soit déjà en train d'oublier les conseils si souvent et si éloquemment formulés par l'orateur d'opposition.

Cette voix du pays, que vous entendiez si bien, que vous appeliez avec tant de ferveur à votre aide, lorsque vous siégiez sur les bancs de la gauche au Palais-Bourbon, il semble qu'elle ait perdu le privilége d'arriver jusqu'à vous, depuis que vous demeurez à la préfecture de Versailles. Jamais, cependant, elle n'a parlé si haut ; jamais elle n'a dit plus clairement ce que réclame la France.

Ce qu'elle réclame, deux mots le résument : le repos et une bonne administration.

Le repos, vos dissentiments avec l'Assemblée l'ont seuls jusqu'ici empêché de renaître. Pourquoi ne pas rassurer une fois pour toutes le sentiment public, en écartant de la situation ce qui peut amener le retour des démêlés auxquels nous venons d'échapper avec tant de peine ? Pourquoi

ne pas sceller le pacte du 31 août, par la
formation d'un ministère qui devienne le
symbole et l'instrument d'une transaction
permanente ? Pourquoi ne pas laisser ce
ministère prendre la place qui lui appartient, entre la représentation nationale et le
pouvoir exécutif ? Pourquoi rester, de votre
personne, exposé aux chocs de la vie parlementaire, quand la moindre de ces se-
cousses ébranle jusque dans ses fondements
le pays tout entier ?

Faites que la France soit sûre de vous, et
elle sera bientôt sûre d'elle-même, en dépit
de ce que pourront entreprendre les obstinés
de n'importe quel parti. Ce qui la trouble,
croyez-le bien, ce sont moins encore les
dangers qui la menacent d'en bas, si grands
qu'ils puissent être, que les inquiétudes sans
cesse renaissantes qui lui viennent d'en
haut. Ces inquiétudes, c'est à vous qu'il
appartient de les faire cesser, et il semble
que vous preniez à tâche de les perpétuer.

Savez-vous ce qui arrive? Comme il paraît difficile de supposer que vous manquiez de clairvoyance pour vous-même, après en avoir eu tant pour les autres, on cherche ce qui vous empêche de prendre à votre tour cette grande route du gouvernement à ciel ouvert, que vous avez tant de fois indiquée, de votre siége de député, comme la voie du salut. Personne ne songe à soupçonner votre patriotisme, encore moins votre expérience ; mais on se rappelle que la possession du pouvoir personnel a des éblouissements irrésistibles ; on se dit que vous venez d'exercer, six mois durant, la plus complète des dictatures — la dictature consentie ; on se demande si vous ne subissez pas déjà, sans vous en apercevoir, ce vertige des hauts lieux, qui semble déplacer toutes les perspectives et dont le premier symptôme est une conviction sans cesse grandissante de sa propre infaillibilité.

Dieu nous garde d'un pareil malheur,

auquel je ne puis croire lorsque je me rappelle votre passé. Pourtant, je ne dois point vous cacher que, si vos amis et ceux qui croient en vous en sont encore à se poser la question, vos adversaires la donnent pour résolue. Ils ne dissimulent même pas que leur tactique consiste maintenant à laisser votre influence et votre prestige s'user, dans la capricieuse obstination que vous semblez vouloir mettre à gouverner seul et par vous-même. Ils mesurent le terrain que ce système vous a fait perdre en trois mois, et supputent qu'un autre trimestre de la même faute amènera les choses au point qui convient à leurs projets.

Monsieur le Président, vous aimez la France — un peu à votre manière et pour vous-même peut-être, mais enfin vous l'aimez. Il n'est pas possible qu'une gloriole passagère, dont vous avez plus que personne sondé l'inanité, vous fasse sacrifier

à la creuse satisfaction d'être tout pendant
quelques semaines, l'honneur éternel d'avoir refait un avenir à votre pays. La foi
en soi-même est une bonne chose, qui aide
souvent à en accomplir de grandes; mais,
passé un certain degré, elle n'enfante plus
que petitesse, comme l'habileté poussée à
l'extrême se traduit en finasseries. Vous
avez raison d'être fier de votre rôle et de
croire que vous pourrez le remplir mieux
que personne; vous avez raison de vouloir
faire votre part aussi large que possible,
devant le présent comme devant l'histoire,
dans la tâche dont vous êtes le principal
ouvrier; mais, pour vous-même et pour le
pays, rappelez-vous que trop embrasser est
le moyen de mal étreindre.

A vouloir concentrer le gouvernement
dans vos mains, vous ne commettriez pas
seulement une erreur politique, dont les
suites seraient incalculables; vous compro-
mettriez du même coup cette réorganisation

matérielle qui, seule, peut maintenir notre unité, sauver notre prospérité et préparer la récupération de notre rang dans le monde.

Vous avez étudié à fond les rouages administratifs; mais vous les avez rarement manœuvrés. A écrire l'histoire du premier empire, vous avez acquis une rare connaissance des choses de l'armée; mais peut-être cette expérience a-t-elle le tort de remonter un peu loin. Les questions économiques vous sont familières; mais par le côté critique plutôt que par celui de l'application. Vous possédez ainsi, en toutes choses, une expérience précieuse, mais dont la nature particulière vous met plus à même de conseiller et de contrôler que de faire. Eussiez-vous d'ailleurs, par une exception providentielle, l'universalité qui est restée jusqu'ici l'attribut exclusif de la puissance divine, les forces humaines ne comportent pas qu'un homme soit à la fois chef d'Etat et commis d'ordre de chaque ministère. Personne, pas même le grand capitaine qui a trouvé en vous son digne historien, n'a encore résolu le problème de concilier le rôle de général en chef avec les fonctions de caporal.

J'ai essayé, Monsieur le Président, de vous répéter ce que j'entends autour de moi, de vous dire ce qu'on vous demande et ce qu'on vous reproche, — non dans tel ou tel cercle politique, — mais dans ce grand milieu qui s'appelle tout le monde et qui s'occupe des affaires publiques, pour les affaires publiques elles-mêmes.

Ce qu'on vous demande, c'est de ramener le gouvernement et l'administration du pays à leurs véritables conditions : celles d'une œuvre collective, poursuivie au grand jour, avec le concours de tous les hommes de bonne volonté, avec le sentiment des besoins nouveaux et des questions nouvelles, sans favoritisme, sans parti pris, sans vues exclusives, sans retours en arrière.

Ce qu'on vous reproche, c'est de pencher outre mesure vers la personnalité, qui menace de vous conduire vous-même à l'isolement, et le pays à la confusion.

Je me résume en un mot :

On a dit de l'Empire — et vous êtes, si je ne me trompe, du nombre de ceux qui l'ont dit — que c'était un règne et non pas un régime.

Nous voici en République. La République ne peut être quelque chose qu'à la condition d'être un régime.

N'en faites pas un règne.

UN SPECTATEUR.